Rawls

Coleção **PASSO-A-PASSO**

CIÊNCIAS SOCIAIS PASSO-A-PASSO
Direção: Celso Castro

FILOSOFIA PASSO-A-PASSO
Direção: Denis L. Rosenfield

PSICANÁLISE PASSO-A-PASSO
Direção: Marco Antonio Coutinho Jorge

Ver lista de títulos no final do volume

Nythamar de Oliveira

Rawls

ZAHAR

Capa
Sérgio Campante

CIP-Brasil. Catalogação na fonte
Sindicato Nacional dos Editores de Livros, RJ

O48r Oliveira, Nythamar de
Rawls / Nythamar de Oliveira. — Rio de Janeiro: Zahar, 2003.
(Passo-a-passo; 18)

Inclui bibliografia
ISBN 978-85-7110-704-5

I. Rawls, John, 1921-. 2. Justiça (Filosofia). 3. Filosofia política. 4. Filosofia americana. I. Título. II. Série.

CDD: 191
03-0142 CDU: 1(73)

EDITORA SCHWARCZ S.A.
Praça Floriano, 19, sala 3001 — Cinelândia
20031-050 — Rio de Janeiro — RJ
Telefone: (21) 3993-7510
www.companhiadasletras.com.br
www.blogdacompanhia.com.br
facebook.com/editorazahar
instagram.com/editorazahar
twitter.com/editorazahar

Esta obra foi composta por TopTextos Edições Gráficas em Minion e Frutiger e impressa em processo sob demanda pela Um Livro sobre papel offset para a Editora Schwarcz a partir de 2024

Sumário

Introdução

Embora não tenha sido popularizado ou promovido em círculos públicos — em grande parte devido à sua saúde um tanto debilitada e ao seu estilo de vida recluso —, John Rawls tem sido considerado o mais importante pensador político da segunda metade do século XX. Com efeito, quando *Uma teoria da justiça* (*A Theory of Justice*) apareceu em Harvard, em 1971, havia um tácito consenso entre os pensadores da filosofia política de que nenhuma obra monumental nesta área tinha sido publicada desde o início da chamada Guerra Fria. Além das importantes contribuições de neomarxistas como Gramsci, Lukács e dos expoentes da primeira geração da Escola de Frankfurt, na primeira metade do século passado, não fora tampouco registrado nenhum marco teórico decisivo antes da publicação da obra-prima de Rawls, até então um ilustre desconhecido.

John Bordley Rawls nasceu em 21 de fevereiro de 1921 em Baltimore, estado americano de Maryland, o segundo dos cinco filhos de William Lee e Anna Abell Rawls. Seu pai era um afluente advogado e especialista em direito constitucional, e sua mãe, de origem alemã (da respeitada família Stump), uma feminista e presidente da liga local do eleitorado das mulheres. Como Isaiah Berlin, um grande admirador de Rawls, o descreveria mais tarde, foi a origem puritana e austera do filósofo de Harvard que determinaria o rigor de sua meticulosa produção teórica. Por outro lado, as suas raízes paternas no Sul dos EUA e as trágicas perdas de dois irmãos na infância — vítimas de pneumonia e difteria, ambas contraídas de John Rawls — foram ainda mais decisivas, como atestam suas observações sobre as injustiças e contingências da vida natural. Assim como se diz na linguagem do senso comum que "a vida não é justa" (*life is not fair*), Rawls encontraria na metáfora do "jogo limpo" (*fair play*) a mais adequada expressão para o contraponto da vida social, onde as desigualdades e injustiças decorrem precisamente da infração das regras do jogo e do desregramento institucional.

Após alguns anos de escola pública, Rawls freqüentou um tradicional colégio episcopal em Connecticut e, aos 18 anos de idade, ingressou na prestigiosa Universidade de Princeton, onde foi direcionado para a filosofia pelo professor Norman Malcolm, um amigo íntimo e seguidor de Wittgenstein. Após concluir seus estudos em Princeton em 1943, Jack (como Rawls era chamado por seus pares) serviu no exército e chegou a participar de manobras militares no Pacífico, tendo testemunhado pessoalmente os horrores da guerra. Além de ter perdido vários amigos e conhecidos, Rawls acompanhou com profundo pesar os bombardeios de Hiroshima e Nagasaki, que ele qualificaria mais tarde de tremendos erros, tanto num artigo polêmico que escreveria para o jornal político *Dissent* quanto na sua conferência sobre o direito dos povos, transformada em livro. O tema da guerra justa, assim como o da justiça social e o da tolerância, seria focado em abordagens teóricas que refletem problemas práticos da existência humana em sociedade nacional e suas relações internacionais.

Terminada a Segunda Guerra, Rawls decidiu retornar a Princeton em 1946 e trabalhar sobre questões de filosofia moral para a sua tese de doutorado. No seu último ano acadêmico (1949-50), Rawls iniciou seus estudos de aprofundamento em teoria política, culminando com a publicação do famoso tratado sobre a justiça, depois de duas décadas de investigações sobre o tema. A sua obra-prima foi traduzida para o alemão (1975) e para o francês (1987) e alcançou um notável reconhecimento internacional. Na virada do século, já havia se tornado o maior *best-seller* filosófico das últimas décadas, tendo sido publicado em mais de 25 países e suscitado centenas de milhares de estudos e artigos em todo o mundo. Mesmo assim, muito pouco se conhecia acerca do seu autor, que em toda a vida só concederia uma única entrevista — à revista liberal católica *Commonweal* em 1998 —, permanecendo inacessível e alheio aos grandes eventos acadêmicos.

Durante os anos 1980 e 1990, Rawls proferiu várias palestras e conferências para círculos estreitos, na medida em que mantinha um intenso programa de ensino e pesquisa em Harvard. Todo o seu trabalho de pesquisa ético-política fomentava uma interlocução interdisciplinar constante com grandes especialistas em suas respectivas áreas — só na *Teoria da justiça*, treze dentre os economistas citados viriam a receber, mais tarde, o Prêmio Nobel (Amartya Sen, John F. Nash Jr, John C. Harsanyi, James Tobin, Kenneth J. Arrow, entre outros) —, enriquecendo o trabalho da filosofia política com as mais recentes contribuições das ciências jurídicas (H.L.A. Hart, Ronald Dworkin, Thomas Nagel), sociais (Brian Barry, Robert A. Dahl, Judith Shklar) e do comportamento (Lawrence Kohlberg), além da própria economia, cuja relação íntima com a filosofia moral foi reavivada na esteira do utilitarismo britânico.

Rawls sempre levou a sério as críticas de seus interlocutores e por isso retomou várias formulações da *Teoria da justiça* para revisá-las e corrigi-las nas três décadas seguintes, ao ponto de ter sido erroneamente interpretado por alguns como se estivesse definitivamente abandonando o seu intento original. Na verdade, Rawls já iniciara suas reflexões sobre a idéia da "posição original" durante seu pós-doutoramento em Oxford, em 1952-53, levando-o à formulação de um "véu de ignorância", como atestam os três artigos seminais (ver a seção "Leituras recomendadas") que inauguram suas investigações sobre o procedimentalismo. De uma maneira geral, pode-se dizer que toda a obra de Rawls, em particular a sua trilogia (*Uma teoria da justiça*, *O liberalismo político* e *O direito dos povos*), defende sua concepção procedimental de liberalismo, apropriadamente denominada de "justiça como eqüidade" (*justice as fairness*). Assim, o intuito inicial de generalizar e elevar a um nível mais alto de abstração teórica a concepção de justiça inerente ao contratualismo de Locke, Rousseau e Kant é corroborado através de suas revisões e reformulações de um modelo procedimental de liberalismo, capaz de conjugar o igualitarismo (igualdade de bem-estar social) e o individualismo (liberdades individuais).

Uma teoria da justiça

A obra-prima de Rawls foi publicada em pleno clima de agitação cultural e geopolítica: a Guerra do Vietnã mobilizava professores e estudantes, fosse para apoiar a investida norte-americana contra o avanço soviético ou para defender os direitos humanos e a soberania política dos povos do chamado Terceiro Mundo. Rawls encontrava-se numa posição intermediária com relação a seus colegas de Harvard, entre o conservadorismo de W.V. Quine e o maoísmo de Hilary Putnam. Além de assumir publicamente seus posicionamentos pacifistas opostos à política externa dos republicanos americanos, Rawls também se preocupava com o destino dos programas previdenciários e das políticas públicas do chamado "Estado de bem-estar social", o *welfare state*. A questão do igualitarismo e o desafio de resolver as crescentes desigualdades sociais no seio do capitalismo tardio permeiam, decerto, o desenvolvimento de sua filosofia política. É mister observar que nessa sua primeira obra Rawls ainda mantém um uso intercambiável entre suas teorias moral e política. É precisamente com o intuito de delimitar a especificidade política de sua teoria da justiça que ele caracterizará, nos escritos tardios, a abordagem da *Teoria da justiça* como a de uma "doutrina moral abrangente" (*comprehensive moral doctrine*) e, portanto, ainda vinculada a pressupostos metafísico-filosóficos.

Embora tenha sido considerada uma obra teórica de difícil leitura devido às suas elaborações abstratas e formais, *Uma teoria da justiça* tem sido igualmente enaltecida pela precisão de suas formulações, clareza de suas exposições e coerência sistemática de seus argumentos. A obra se divide em três grandes partes, a saber, "Teoria", "Instituições" e "Fins", ao longo de nove capítulos compreendendo seus 87 parágrafos numa divisão arquitetônica assaz proporcional. As duas primeiras partes tratam do que Rawls denomina uma teoria ideal da justiça, enquanto a terceira diz respeito à teoria não-ideal. Trata-se portanto de articular o trabalho metateórico dos procedimentos formais da moral com o seu correlato substantivo normativo: a fim de problematizar a sociedade como ela é, deve-se partir de uma análise deontológica, qual seja, a de como ela deveria ser para caracterizar-se como uma sociedade justa. No nível da teoria ideal, encontra-se propriamente a sua idéia de um igualitarismo liberal, através dos conceitos da "posição original" e da "sociedade bem-ordenada". A teoria não-ideal procura demonstrar a exeqüibilidade da justiça como eqüidade, na medida em que a cultura política, os movimentos sociais e as reformas constitucionais viabilizam, pelo "equilíbrio reflexivo", uma aproximação cada vez maior dos ideais de justiça, liberdade e igualdade propostos. Rawls procura esquivar-se assim do positivismo jurídico, de um lado, e das definições materiais da justiça (do jusnaturalismo clássico), de outro. Esse modelo procedimental, formal, de articulação entre regras (procedimentos) e práticas (instituições) caracteriza o trabalho conceitual da obra de John Rawls e a aproxima da filosofia prática de Immanuel Kant. Nesse sentido, pode-se eleger o parágrafo 40, "A interpretação kantiana da justiça como eqüidade" — na metade do seu *opus magnum* —, como uma boa chave hermenêutica para a leitura da filosofia política de Rawls, inclusive para os seus escritos tardios. De resto, Rawls sempre procurou explicitar cada vez melhor as suas idéias fundamentais, através da linguagem ordinária e da análise conceitual, mesmo quando se tratava de responder a críticas de interlocutores provenientes de tradições estranhas ao contexto anglo-americano da filosofia analítica da linguagem. Segundo ele, o conceito de justiça desempenha para a filosofia prática um papel de justificação análogo ao do conceito de verdade para uma teoria do conhecimento. Assim como o senso de gramaticalidade é pressuposto em práticas cotidianas no uso da língua materna e a faculdade racional é pressuposta na concepção de juízos e pensamentos, o senso de justiça e a faculdade de concepção do bem são inerentes a uma idéia de pessoas morais, livres e iguais, vivendo numa sociedade democrática. Assim, a "justiça como eqüidade" procura desvelar as idéias básicas de liberdade e igualdade latentes no senso comum.

A posição original

A posição original (*original position*) é a situação hipotética na qual as partes contratantes (representando pessoas racionais e morais, isto é, livres e iguais) escolhem, sob um "véu de ignorância" (*veil of ignorance*), os princípios de justiça que devem governar a "estrutura básica da sociedade" (*basic structure of society*). Esta, por sua vez, traduz o modo pelo qual as instituições sociais, econômicas e políticas (constituição política, economia, sistema jurídico, formas de propriedade) se estruturam sistemicamente para atribuir direitos e deveres aos cidadãos, determinando suas possíveis formas de vida (projetos e metas individuais, idéias do bem, senso de justiça). Por exemplo, numa sociedade injusta — isto é, muito remota da "sociedade bem ordenada" — será muito improvável que alguém que nasce numa favela ou nas camadas mais pobres da sociedade possa aspirar a um cargo, por exemplo, de desembargador ou até mesmo a uma profissão liberal, como a de executivo ou neurocirurgião. A sociedade bem-ordenada (*well-ordered society*) é aquela que é efetivamente regulada por uma concepção política e pública de justiça, na qual cada indivíduo aceita — e sabe que todos os seus concidadãos também aceitam — os mesmos princípios de justiça e, portanto, os termos eqüitativos da cooperação social, assim como as suas instituições políticas, sociais e econômicas, que são por todos publicamente reconhecidas como justas. Rawls admite ser este um conceito extremamente idealizado. Por isso mesmo, recorre à idéia do "equilíbrio reflexivo" a fim de calibrar a cultura política, o *ethos* social e o *modus vivendi* de uma sociedade concreta com esse ideal normativo, que inclusive modela também a concepção de pessoa moral. O equilíbrio reflexivo (*reflective equilibrium*) é um método adaptado por Rawls da epistemologia analítica para a argumentação moral com o intuito de estabelecer uma coerência entre os juízos ponderados sobre casos particulares, de um lado, e o conjunto de princípios éticos e seus pressupostos teóricos, de outro (como num dispositivo procedimental que engendra regras para a ação moral). Esse tipo de procedimento é essencialmente pragmático, na medida em que evita questões metaéticas da teoria moral, isto é, não procura resolver os problemas de fundamentação da moral, como nos modelos metafísicos tradicionais, mas apenas apresenta argumentos razoavelmente defensáveis.

A concepção rawlsiana da posição original pode ser vista, de resto, como ponto de partida da "justiça como eqüidade", não somente em *Uma teoria da justiça* mas ainda nos demais escritos, precisamente quando se trata de resolver o problema da justiça nos termos de uma teoria da escolha racional. Esta, geralmente tematizada pela teoria dos jogos em economia e por teorias políticas de inspiração hobbesiana, postula que a ação humana pode ser entendida através de cálculos racionais que levam em conta seus interesses próprios (*self-interests*) sem pressupor um comportamento moral, mas antes cotejando, por exemplo, as configurações de custo e benefício, competitividade e cooperação, na formulação de um plano racional para o indivíduo inserido numa coletividade em que se dá o jogo político. Segundo Rawls, a teoria da escolha racional não é suficiente para determinar o melhor curso a ser tomado numa situação que visa à escolha dos princípios de justiça para fins institucionais, dirigidos à estrutura básica da sociedade. Rawls se serve antes do conceito de racionalidade deliberativa, inspirado numa formulação utilitarista de Henry Sidgwick, segundo a qual o bem de um indivíduo deve ser escolhido levando em conta também os interesses de outras partes envolvidas, otimizando as possibilidades de concretização dos fins racionalmente escolhidos por cada um. Em última análise, essa noção servirá ao desenvolvimento posterior da concepção de democracia deliberativa nos escritos tardios, sobretudo quando Rawls tematiza a idéia de razão pública. De todo modo, a intuição rawlsiana é que o seu procedimentalismo dá razoavelmente conta da teoria da escolha racional e de outros modelos utilitaristas que supostamente forneceriam também critérios de neutralidade em processos decisórios característicos das relações sociais e estruturas políticas. Com efeito, é nesse mesmo contexto conceitual que se deve entender a concepção de equilíbrio reflexivo, calibrando de maneira interativa a teoria ideal com a teoria não-ideal. A objetividade em questão numa teoria ético-política, segundo Rawls, serve apenas para descartar as aporias opondo posicionamentos extremos de relativismos e objetivismos.

Assim como o contratualismo postula um contrato social enquanto transferência mútua de direitos para viabilizar a passagem de um estado de natureza ("guerra de todos contra todos") a um estado de direito ("sociedade civil"), o modelo rawlsiano recorre ao dispositivo procedimental da posição original para justificar a sociabilidade inerente à sociedade concebida como um sistema justo (*fair*) de cooperação social entre pessoas livres e iguais. A filiação kantiana do neocontratualismo de Rawls reside sobretudo no seu procedimentalismo, na medida em que concebe a justiça como imparcialidade, em oposição a modelos hobbesianos (justiça como regramento de interesses ou barganha); sua argumentação deontológica (a posição original enquanto teste de universalizabilidade); e seu liberalismo constitucional (reapropriação dos ideais de liberdade e tolerância, de John Locke, e de igualdade e vontade geral, de Jean-Jacques Rousseau).

Os princípios de justiça

Através dos dois princípios de justiça deve ser efetivada a distribuição eqüitativa de bens primários (*primary goods*), isto é, bens básicos para todas as pessoas independentemente de seus projetos pessoais de vida ou de suas concepções do bem. Rawls freqüentemente enfatiza que os mais fundamentais de todos os bens primários são o auto-respeito (*self-respect*) e a auto-estima (*self-esteem*), acompanhados das liberdades básicas, rendas e direitos a recursos sociais como a educação e saúde. Os dois princípios são enunciados da seguinte maneira:

- *Primeiro*: Todas as pessoas têm igual direito a um projeto inteiramente satisfatório de direitos e liberdades básicas iguais para todos, projeto este compatível com todos os demais; e, nesse projeto, as liberdades políticas, e somente estas, deverão ter seu valor eqüitativo garantido.
- *Segundo*: As desigualdades sociais e econômicas devem satisfazer dois requisitos: (a) devem estar vinculadas a posições e cargos abertos a todos, em condições de igualdade eqüitativa de oportunidades; e (b) devem representar o maior benefício possível aos membros menos privilegiados da sociedade.

O primeiro princípio, o da "igual liberdade" (*equal liberty principle*), tem prioridade com relação ao segundo, que se divide em dois — o "princípio da igualdade eqüitativa de oportunidades" (*fair equality of opportunities*) e o polêmico "princípio da diferença" (*difference principle*). Tal prioridade traduz decerto a chamada primazia do justo sobre o bem, característica de modelos deontológicos (moral do dever), em contraposição a modelos teleológicos e utilitaristas (éticas das virtudes e morais hedonistas). Segundo Rawls, os princípios devem ser ordenados em uma série lexicográfica (léxica ou lexical). A ordenação lexicográfica satisfaz completamente um primeiro princípio antes de ser aplicada aos princípios subseqüentes, como, por exemplo, numa lista telefônica (ordem alfabética) ou num sistema de ordenação dos livros de uma biblioteca (catalogação). Assim, a inviolabilidade das liberdades individuais está assegurada acima de todos os ajustes sociais envolvendo questões de oportunidades e desigualdades, de forma a evitar o sacrifício de indivíduos.

Os princípios de justiça se aplicam à estrutura básica da sociedade, governando a atribuição de direitos e deveres e regulando as vantagens econômicas e sociais. O primeiro princípio diz respeito à exigência da aplicação das liberdades fundamentais a todos os indivíduos, imparcialmente, segundo uma lista de liberdades básicas iguais, facilmente concebível pelas partes envolvidas. Dentre tais liberdades, as mais importantes são a liberdade política (o direito de votar e ocupar um cargo público), a liberdade de expressão e reunião, a liberdade de consciência e de pensamento, as liberdades da pessoa (integridade pessoal, qual seja, proteção contra agressão física e psicológica), o direito à propriedade privada (que não inclui a propriedade de bens produtivos) e a proteção contra a prisão e a detenção arbitrárias. Identifica-se aqui o tema moderno dos direitos humanos e das liberdades civis que balizam as democracias liberais do mundo ocidental, ou melhor dito, das sociedades e povos que aderem à Declaração Internacional dos Direitos Humanos. Idealmente, esses direitos e essas liberdades devem ser iguais para todos — como rezam, de resto, as constituições políticas de tais países.

Quanto ao segundo princípio, salta aos olhos o tremendo desafio da justiça distributiva, na medida em que a ordem social não deve estabelecer e assegurar as perspectivas mais atraentes dos que estão em melhores condições a não ser que, fazendo isso, traga também vantagens para os menos favorecidos. Para Rawls, a distribuição é efetivamente afetada pelos arranjos institucionais — proventos, riquezas e oportunidades educacionais e ocupacionais. A grande inovação desse filósofo consiste, outrossim, em fazer das desigualdades um subcaso das igualdades: se há desigualdades, estas se inserem na esfera maior das igualdades, sendo portanto aceitáveis. Como todos possuem os mesmos direitos e deveres, as desigualdades (de riqueza e autoridade, por exemplo) são justas, *fair*, eqüitativas, na medida em que promovem benefícios para todos, em particular para os menos privilegiados, por exemplo, através da ação afirmativa (sistema de cotas). Daí se segue que a distribuição desses bens sociais não precisa ser igual, visto não se tratar de um igualitarismo social — como seria o caso de modelos de um socialismo de Estado ou do comunismo.

Ademais, o véu de ignorância assegura que, na deliberação para a escolha dos princípios na posição original, não serão levadas em conta concepções particulares do bem, a posição social e os talentos e habilidades das partes e dos cidadãos representados. Ora, em se tratando de garantir a imparcialidade e a neutralidade de propósitos — que Rawls distingue da impessoalidade (Hume) e da neutralidade procedimental (Habermas) —, não se pode prever de antemão quais serão os resultados particulares obtidos; daí o recurso proposto por Rawls à chamada "regra de *maximin*", aplicada ao segundo princípio. Isso significa que se deve "maximizar o mínimo", isto é, optar pelo "menor dos piores resultados possíveis" (*the least-worst possible outcome*) ou o melhor resultado dentre os menos favorecidos pela escolha realizada na posição original. Tal regra se aplica especificamente à segunda parte do segundo princípio, da diferença.

O liberalismo político

Como foi visto acima, o igualitarismo liberal visa ao procedimento democrático-deliberativo de efetivar uma justiça distributiva, que não poderia ser confundida com uma justiça alocativa. Assim, o igualitarismo de Rawls seria erroneamente identificado com uma apologia do *welfare state*. O próprio filósofo admitiu que o problema central de sua reflexão ético-política sempre foi o de oferecer argumentos razoáveis em defesa da democracia constitucional através de uma idéia de razão pública. Trata-se, portanto, de estabelecer procedimentalmente um critério público para ajuizar a estruturação básica institucional de uma sociedade em termos morais. Na *Teoria da justiça*, Rawls argumentara que na posição original as partes endossariam tal critério público de justiça sob um véu de ignorância. Daí sua insistência em um procedimentalismo puro, em oposição ao procedimentalismo perfeito (Aristóteles) e ao procedimentalismo imperfeito (tribunais e cortes de justiça). A simetria das partes evocada na posição original parecia, todavia, comprometer o igualitarismo de Rawls justamente na sua interpretação kantiana. Uma das críticas mais contundentes, como o próprio Rawls reconheceria, diz respeito à sua concepção normativa de pessoa: se fosse tomada como ser noumênico, no sentido kantiano, como efetivamente esperar que levasse a cabo as transformações institucionais imbricadas nos dois princípios? Por outro lado, outros críticos viam na concepção híbrida de Rawls uma fraqueza precisamente em não assumir o seu kantismo plenamente, por exemplo, na própria idéia de racionalidade prática. Se para alguns Rawls pecava por seu kantismo, para outros ele não era suficientemente kantiano. Enquanto libertarianos e neoliberais questionavam qualquer papel interventor do Estado na economia, socialistas e comunitaristas acusavam a teoria rawlsiana de favorecer o *status quo* e de não viabilizar suas aspirações igualitaristas por desconhecer a natureza humana, socialmente condicionada e movida por interesses de classe.

O conjunto de críticas mais importantes veio, sem dúvida, dos comunitaristas, encabeçados por Michael Walzer, Alisdair MacIntyre, Charles Taylor e, acima de tudo, Michael Sandel. Segundo eles, modelos liberais como o de John Rawls tendem a conceber o indivíduo isolado da comunidade e de suas idéias correlatas de bem comum, tradição e contexto, tornando-o incapaz de assegurar a coesão e integração de um grupo social qualquer, menos ainda da sociedade como um todo, que sempre precede o indivíduo. Seguindo uma crítica famosa de Sandel ao conceito rawlsiano de "eu" (*self*), para se distinguir o eu de seus fins — que, segundo o modelo deontológico de Rawls, seriam sempre a posteriori —, é inevitável que se incorra em uma das duas situações antitéticas: a de um sujeito radicalmente situado (*a radically situated subject*) ou a de um sujeito radicalmente desencarnado (*a radically disembodied subject*). Sandel e MacIntyre argumentam, contra a neutralidade do liberalismo deontológico, que toda identidade (social, cultural, étnica) é na verdade determinada por fins que não foram escolhidos por indivíduos isolados ou desinteressados, mas descobertos e desvelados pela inserção do indivíduo num determinado contexto social — daí a fórmula lapidar do "*embedded self*", o eu arraigado, inserido, situado, contra o "*encumbered self*" (o eu desimpedido, isolado).

Rawls acatou várias das críticas levantadas por seus interlocutores e revisou o texto de 1971 ao longo de duas décadas, culminando com a publicação do seu *Liberalismo político* em 1993. Além da questão do *self*, revisou o tópico da estabilidade e a exposição da "justiça como eqüidade", que não deveria mais ser tomada como uma concepção filosófica (no caso, uma doutrina moral liberal), e sim em sua especificidade política, partindo não mais da posição original mas da perspectiva da cultura política pública, onde se opera o consenso sobreposto (*overlapping consensus*), dado o pluralismo razoável em uma sociedade democrática constitucional. Na verdade, o que se observa é uma inversão na ordem da exposição da justiça como eqüidade, na medida em que se parte da concepção normativa de pessoa em direção à sociedade bem-ordenada e à posição original para a aplicação dos princípios de justiça através de reformas constitucionais, plebiscitos, assembléia legislativa e revisão judicial. A partir dos anos 1980, Rawls profere conferências e publica vários estudos sobre o "construtivismo kantiano", que serviriam conclusivamente para explicitar em que sentido o seu liberalismo político mantém as premissas político-filosóficas de sua crítica original ao utilitarismo e ao intuicionismo na *Teoria da justiça* e como entender a nova guinada pragmática da justiça como eqüidade.

Utilitarismo e intuicionismo

Em *Uma teoria da justiça*, Rawls situa seu modelo procedimental de inspiração kantiana em oposição a modelos teleológicos em filosofia moral, na medida em que estes concebem o bem independentemente do justo, como um fim (em grego, *telos*) exterior ao agir moral. Segundo Rawls, os dois tipos principais de teorias teleológicas são as perfeccionistas (que identificam o bem com a realização da perfeição humana na cultura) e as utilitaristas (que concebem o bem enquanto princípio de utilidade, sobretudo em sua forma clássica). Dentre os modelos do perfeccionismo, Rawls cita freqüentemente o eudemonismo (busca da *eudaimonia*, "felicidade", no sentido de plenitude da atividade humana, o "florescer humano" enquanto supremo bem) e o hedonismo (busca do prazer, em grego *hedone*, enquanto satisfação do desejo). Aristóteles e Nietzsche são citados como paradigmas do perfeccionismo clássico e moderno, respectivamente. Embora a questão do bem, sobretudo quando concebido como intrínseco ao agir moral, tenha sido problematizada de várias maneiras por neo-aristotélicos e utilitaristas anglo-americanos de forma a compatibilizar uma leitura bastante próxima do seu modelo deontológico, Rawls manteve a sua empreitada crítica através dos escritos tardios, notavelmente no *Liberalismo político*. Mesmo que em algumas passagens apresente uma concepção um tanto ampla de utilitarismo, de modo a incluir autores como Adam Smith e David Hume, suas alusões mais freqüentes são ao chamado "utilitarismo clássico" de Jeremy Bentham, John Stuart Mill e Henry Sidgwick.

O utilitarismo, de uma maneira geral, defende que os arranjos sociais sejam tais que maximizem a felicidade plena de seus membros, sem levar em conta como os benefícios e as desvantagens são distribuídos, a menos que afetem o total. Assim, a questão do bem-estar social apresenta importantes conseqüências econômicas, como por exemplo na transferência distributiva de riquezas dos mais ricos para os mais pobres, na proporção em que diminui uma utilidade marginal — os pobres são, nesse caso, efetivamente muito mais favorecidos do que os ricos empobrecidos, dentro de certos limites previsíveis. Em última análise, a utilidade é tomada como fonte de justiça por ser o único fim capaz de promover o bem-estar e a felicidade da sociedade como um todo. Não apenas as leis, mas ainda as ações e políticas (*policies*) públicas devem ser, segundo o utilitarismo, avaliadas em função de quais alternativas propostas produzem efetivamente as melhores dentre todas as conseqüências possíveis. Esse conseqüencialismo combinado com os cálculos de utilidades de bem-estar e seu somatório asseguram aos modelos utilitaristas um lugar privilegiado nas teorias da justiça, sobretudo em discussões acerca da eficiência e do princípio da diferença — identificados, muitas vezes, como uma mesma coisa.

Políticas econômicas contemplariam, segundo Rawls, os mesmos requisitos inerentes ao utilitarismo. Para ele, se há conseqüencialismo (*maximin* enquanto princípio de utilidade), este deve ser entendido em termos contratuais, procedimentais — como seria inclusive possível de ser formulado no próprio procedimento de representações práticas do imperativo categórico de Kant. Ora, o utilitarismo pode ser considerado à luz da combinação dos três requisitos do "*welfarismo*" (a bondade de um estado de coisas é função apenas das informações sobre utilidade relativas a esse estado), do "*ranking* pela soma" (*sum-ranking*, isto é, as informações sobre utilidade relativas a qualquer estado são avaliadas considerando apenas o somatório de todas as utilidades desse estado) e do conseqüencialismo. Contra os modelos utilitaristas, a reformulação rawlsiana do seu liberalismo político procura manter a idéia diretriz da primazia do justo sobre o bem de forma a satisfazer parcialmente esses requisitos e a realizar aqueles inerentes a um conseqüencialismo contratual, igualitarista. Afinal, o seu conseqüencialismo requer que toda escolha — de ações, instituições, motivações, regras etc. — seja em última análise determinada pela eficiência dos estados de coisas decorrentes.

Rawls sustenta, outrossim, que o intuicionismo não se apresenta como um modelo defensável, alternativo ao utilitarismo clássico, capaz de responder aos desafios de uma teoria da justiça. Tanto na *Teoria da justiça* quanto no *Liberalismo político*, ele aproxima as teses intuicionistas do realismo moral de G.E. Moore, na medida em que defendem que alguma forma de intuição, sensibilidade ou a experiência dos sentidos, dos instintos e das emoções pudesse fundar uma moral. Ademais, segundo Rawls, o construtivismo kantiano opõe-se ao realismo moral de intuicionistas racionais (tais como Clarke, Price, Sidgwick e Ross), assim como o idealismo transcendental opõe-se ao realismo transcendental e ao idealismo empírico, do ponto de vista da teoria do conhecimento.

O construtivismo político

Ainda no seu *Liberalismo político*, Rawls caracteriza o intuicionismo racional nos seguintes termos: (1) princípios e juízos morais, quando corretos, são enunciados verdadeiros acerca de uma ordem independente de valores morais; esta ordem não depende nem pode ser explicada pela atividade mental de seres humanos, nem mesmo pela atividade da razão; (2) princípios morais podem ser conhecidos pela razão teórica, na medida em que o saber moral é adquirido pela percepção e pela intuição, assim como são organizados através da reflexão; (3) não é pressuposta nenhuma concepção da pessoa a não ser a do ego cognoscente que obtém conhecimento intuitivo dos primeiros princípios morais; (4) juízos morais são verdadeiros quando correspondem de maneira precisa a uma ordem independente de valores morais.

Contra essas quatro características, Rawls propõe o construtivismo de inspiração kantiana nos seguintes termos: (1) os princípios da justiça política (conteúdo) podem ser representados como resultado de um procedimento de construção (estrutura), no qual os agentes racionais, enquanto representantes de cidadãos e sujeitos a condições razoáveis, selecionam os princípios que devem regular a estrutura básica da sociedade; (2) o procedimento de construção é baseado essencialmente na razão prática e não na razão teórica — embora esta desempenhe algum papel, ao formarmos crenças e saberes, inferências e juízos requeridos na formulação dos princípios de justiça; (3) o construtivismo político pressupõe uma concepção complexa da pessoa e da sociedade (entendidas como "entes racionais com capacidade moral — senso de justiça e senso de uma concepção do bem" e "sistema eqüitativo de cooperação social de uma geração à seguinte"); (4) é mister recorrermos à distinção entre o razoável e o racional: o razoável é aplicado a concepções e princípios, juízos e fundamentos, pessoas e instituições, sem recurso ao conceito de verdade, viabilizando o conceito de um "consenso justaposto" (*overlapping consensus*), a saber, que todas as doutrinas religiosas, filosóficas e morais razoáveis, apesar de se oporem e serem incompatíveis, persistem através do tempo e mantêm um certo número de adeptos num regime constitucional democrático.

De acordo com o construtivismo político, a teoria da justiça como eqüidade é a mais apropriada para sociedades democráticas pluralistas por ser a mais razoável ou aquela que melhor traduz um consenso justaposto. O construtivismo político não se opõe, assim, ao intuicionismo como tal, mas se mostra mais fundamental e abrangente do ponto de vista conceitual. No que diz respeito às diferenças entre os construtivismos kantiano e rawlsiano, pode-se observar que:

(1) enquanto o construtivismo moral de Kant reivindica pretensões de validez como uma "doutrina abrangente", o construtivismo político de Rawls apenas representa um modelo teórico capaz de estabelecer um consenso mínimo necessário para que diferentes doutrinas morais, filosóficas e religiosas possam coexistir em uma sociedade democrático-liberal, numa concepção razoável de pluralismo;

(2) Rawls procura, assim, diferenciar seu conceito de autonomia política do conceito kantiano de autonomia moral: este desempenha um papel regulador, viabilizando a autoconstituição de valores morais e políticos pelos princípios da razão prática, ao passo que aquele apenas representa a ordem de valores políticos embasados nesses mesmos princípios e inseparáveis de concepções políticas da sociedade e da pessoa;

(3) assim como Kant, Rawls mantém que os princípios da razão prática originam-se na consciência moral; ao

contrário de Kant, concepções metafísicas — tais como o idealismo transcendental — não desempenham nenhum papel de fundamentação no estabelecimento de concepções básicas de personalidade (faculdades de um senso de justiça e de concepções do bem) e sociedade (associação de pessoas em cooperação social eqüitativa);

(4) enquanto a filosofia de Kant pode ser tomada como uma apologia da racionalidade (coerência e unidade da razão nos seus usos teórico e prático, tese dos dois mundos opondo e compatibilizando natureza e liberdade), a teoria da justiça como eqüidade apenas desvela o fundamento público da justificação em questões de justiça política, dado o pluralismo razoável.

Segundo Rawls, sua concepção de autonomia política traduz, portanto, uma "autonomia doutrinária", a ser diferenciada da "autonomia constitutiva" de Kant — na qual a ordem moral é constituída pela atividade da razão prática. Rawls serve-se, assim, da representação procedimental do imperativo categórico kantiano (requisitos da razão prática pura na formulação de máximas racionais universalizáveis) a fim de responder a três questões fundamentais do construtivismo:

- O que é afinal construído? O conteúdo de uma concepção política de justiça (na *Teoria da justiça*, os dois princípios de justiça escolhidos pelas partes na posição original de forma a representar os interesses de todos por elas representados); no construtivismo moral kantiano, o conteúdo da lei moral, isto é, a totalidade de imperativos categóricos que passam no teste procedimental de universalizabilidade (enunciação de máximas do agente moral, universalização das mesmas, sua transformação em lei da natureza, sua aproximação de uma nova ordem natural, normativa) na medida em que são construídos procedimentalmente por agentes racionais sujeitos a restrições razoáveis.

- A posição original é ela mesma também construída? Não, ela é apenas exposta (*laid out*) na formulação de uma sociedade bem-ordenada enquanto sistema eqüitativo de cooperação entre cidadãos racionais e razoáveis; como em Kant, o princípio universalizável da justiça é uma versão restrita do imperativo categórico.
- Como as concepções de cidadania e de uma sociedade bem-ordenada são implícitas ou modeladas pelo procedimento construtivista? A forma do procedimento e suas características mais específicas são derivadas dessas concepções tomadas como suas bases, isto é, a concepção de pessoas livres e iguais, racionais e razoáveis, é espelhada no procedimento construtivista.

Rawls contrasta, desse modo, a razoabilidade e a racionalidade dos cidadãos (nas suas duas faculdades morais enquanto pessoas) com a racionalidade das partes (na escolha racional). Apesar de não ser explicitamente desenvolvida em *Uma teoria da justiça*, essa distinção entre o razoável (*reasonable*) e o racional (*rational*), de inspiração kantiana, é pressuposta em várias passagens, notavelmente na prioridade da justiça sobre o bem. Se a posição original representa o ponto de vista a partir do qual os eus noumênicos olham o mundo, as reformulações no *Liberalismo político* respondem à pergunta inicial: quais são os princípios para efetivar a liberdade e a igualdade inerentes a um sistema eqüitativo de cooperação entre cidadãos livres e iguais? Em que condições se dá o contrato social? Somente assim pode-se entender melhor a natureza procedimental da justiça como eqüidade, em particular a pressuposição do véu de ignorância na posição original enquanto dispositivo procedimental de representação (*procedural device of representation*), de forma a abstrair-se das contingências do mundo social.

E é neste ponto tão decisivo para a formulação de sua teoria que Rawls parece mais se aproximar de Kant. Rawls chega a enfatizar que o véu de ignorância é denso (*thick*) e não transparente (*thin*), de forma a viabilizar o consenso justaposto exigido pelo pluralismo razoável de sociedades democráticas hodiernas. Nesse sentido, como bem observou Carlos Thiebaut, "a contribuição de Rawls resulta contratualista na medida em que a teoria do contrato seja uma teoria kantiana". O contratualismo rawlsiano coincide precisamente com a sua apropriação do construtivismo kantiano, na auto-regulação recorrente de uma cooperação social entre pessoas livres e iguais. Portanto, na medida em que direitos, valores e normas politicamente objetivados numa Constituição são reivindicados através de práticas cotidianas intersubjetivas (pelo voto, por reformas constitucionais, por atos de desobediência civil, pelo exercício pleno da cidadania) as aparentes defasagens entre os ideais reguladores de uma situação hipotética (situação original, sociedade bem-ordenada, os dois princípios da justiça) e nossas experiências concretas de existência social são gradativamente corrigidas de forma a "consolidar" (*entrench*) o processo democrático-constitucional. O equilíbro reflexivo — tanto no sentido restrito dos princípios morais e juízos particulares quanto no sentido amplo da natureza humana e suas formas de vida sociais — continuamente nos remete ao processo de construção de uma sociedade bem-ordenada, de forma a nos integrar com a interminável tarefa de recorrer à posição original enquanto dispositivo procedimental de representação.

A razão pública

Esse tópico, que já tinha sido sistematicamente discutido no seu *Liberalismo político*, é tematizado no ensaio que o revisa e que integra o volume do *Direito dos povos*. Para Rawls, a razão pública é a razão dos cidadãos de uma sociedade democrática liberal na medida em que compartilham uma cidadania igual, qual seja, a igual liberdade por todos reconhecida e almejada, através de argumentos e critérios que possam ser pública e consensualmente estabelecidos na elaboração de uma sociedade mais justa. Na medida em que a razão política é compartilhada por todos, publicamente, pode-se falar de uma democracia deliberativa, que se mostra como a melhor forma de governo do povo, pelo povo e para o povo. A idéia de razão pública é, portanto, correlata às idéias da prioridade do justo sobre o bem e do consenso sobreposto para a realização do liberalismo político.

Segundo Rawls, a característica mais fundamental e permanente de uma cultura política democrática, pública, é precisamente o que ele denomina o "fato do pluralismo razoável". Uma tal cultura pública compreende as instituições políticas de um regime constitucional e as tradições públicas de sua interpretação (inclusive as do judiciário). Além de ser uma concepção moral especificamente política, aplicada à estrutura básica de uma democracia constitucional moderna, e de ser apresentada como uma "visão auto-suficiente" (*freestanding view*) — diferenciada, portanto, em sua especificidade política de doutrinas abrangentes (*comprehensive doctrines*) morais, religiosas e filosóficas —, a "justiça como eqüidade" parte de uma certa tradição política, assumindo como sua idéia fundamental a da sociedade como um sistema eqüitativo de cooperação e a de que os cidadãos (aqueles envolvidos na cooperação) são pessoas livres e iguais. Ora, tendo sido visto que uma sociedade bem-ordenada é efetivamente regulada por uma concepção política de justiça, Rawls se propõe agora a trabalhar essas idéias de forma a conquistar o apoio de um consenso sobreposto (*overlapping consensus*).

Questões de reformas administrativas, constitucionais e do Judiciário nos remetem ao problema da passagem de um consenso constitucional a um consenso sobreposto. No primeiro, assegura Rawls, "uma constituição que satisfaz certos princípios básicos estabelece procedimentos eleitorais democráticos para moderar a rivalidade política no interior da sociedade". Os princípios liberais de justiça, assim como o princípio da tolerância e as regras do jogo democrático, são endossados paulatinamente como *modus vivendi*, a partir do momento em que são adotados por uma constituição e passam a influenciar as próprias doutrinas abrangentes dos cidadãos em direção a um pluralismo razoável. Pelas revisões judiciais e emendas fundamentais, um consenso constitucional pode aprofundar os princípios liberais, viabilizando uma adesão generalizada — mesmo que inicialmente seja motivida por interesses pessoais, costumes ou tradições de doutrinas abrangentes (religiosas, morais e outras) — e transformando um simples pluralismo em um pluralismo razoável, capaz de permitir a passagem para o consenso sobreposto. Rawls assume, portanto, que as doutrinas abrangentes sempre admitem um espaço para o desenvolvimento de uma adesão independente à concepção política que ajuda a criar um consenso. O grande problema de posicionamentos intransigentes (por exemplo, de fundamentalistas e radicais) é o de não permitir a emergência de um consenso que viabilize a coexistência pacífica de interesses diferenciados, essencial para o processo democrático. Daí o papel fundamental da revisão judicial ou "revisão conduzida por um outro órgão" para que "juízes, ou as autoridades em questão, desenvolvam uma concepção política de justiça à luz da qual a constituição, de acordo com sua visão, seja interpretada, e casos importantes sejam decididos". E Rawls acrescenta:

"Somente então as leis promulgadas pelo legislativo podem ser declaradas constitucionais ou inconstitucionais; e somente então os juízes têm uma base razoável para interpretar os valores e critérios que a constituição incorpora ostensivamente. É claro que essas concepções terão um papel importante na política dos debates constitucionais."

Rawls observa que Lutero e Calvino foram tão dogmáticos e intolerantes quanto a Igreja Católica Romana antes deles. Contudo, segundo Rawls, a Reforma do século XVI inaugurou de maneira definitiva o pluralismo religioso no mundo ocidental moderno. Se os gregos, assim como as religiões politeístas em geral, eram bem mais tolerantes do que os povos que adeririam a religiões monoteístas, em particular ao cristianismo depois da conversão de Constantino, somente com a Reforma foi concretizado o problema do liberalismo político, a saber, "como é possível existir, ao longo do tempo, uma sociedade estável e justa de cidadãos livres e iguais, profundamente divididos por doutrinas religiosas, filosóficas e morais razoáveis". De acordo com Rawls, a liberdade dos antigos se diferencia da dos modernos não apenas pela emergência de um novo paradigma de subjetividade (o indivíduo político, seus direitos civis e suas liberdades básicas) mas ainda — e de maneira mais fundamental — pela introdução desse "choque entre religiões salvacionistas, doutrinárias e expansionistas" e pela internalização de tal conflito latente e irreconciliável: "A novidade em relação a esse choque (*clash*)", escreve Rawls, "é que ele introduz nas concepções de bem das pessoas um elemento transcendental que não admite conciliação. Esse elemento conduz forçosamente ou a um conflito mortal, moderado apenas pela circunstância e pela exaustão, ou a liberdades iguais de consciência e de pensamento. Exceto por essas últimas, firmemente arraigadas e publicamente reconhecidas, nenhuma concepção política razoável de justiça é possível."

É neste sentido, portanto, que Rawls pode asserir, em tom de constatação, que "a origem histórica do liberalismo político e do liberalismo em geral está na Reforma e em suas conseqüências, com as longas controvérsias sobre a tolerância religiosa nos séculos XVI e XVII". E Rawls ainda comenta, não sem ironia, que, como Hegel sabia muito bem, "o pluralismo possibilitou a liberdade religiosa, algo que certamente não era a intenção de Lutero, nem de Calvino". Decerto, toda a filosofia política da tolerância que seria desenvolvida de John Locke, no final do século XVII, até John Stuart Mill, em meados do século XIX, marcaria uma evolução notável na aplicação de conceitos fundamentais como justiça, liberdade e igualdade a esferas cada vez mais abrangentes do tecido social e das instituições sociais, econômicas e políticas. Basta lembrar que um autor como Hobbes, apesar de suas críticas veementes à Igreja e de ter sido aparentemente indiferente à religião, se opôs taxativamente à tolerância religiosa e não aceitou os calvinistas e membros de outras seitas protestantes.

De resto, as guerras religiosas e as grandes insurreições, rebeliões e guerras civis nos séculos XVI e XVII pareciam solapar a estabilidade do estado de direito. Os modelos jusnaturalistas procurariam, portanto, estabelecer de maneira definitiva uma justificação coerente do poder instituído — que, em última análise, mesmo sem recorrer ao direito divino dos reis era também representado na vida religiosa do povo e seus líderes espirituais. O problema de tolerar diferentes concepções do divino, sob a ameaça constante de grandes heresias, apostasias e cisões, inevitavelmente nos remeteria, numa situação extrema, ao problema de até que ponto pode-se tolerar o intolerante. Rawls observa que, antes da prática pacífica e bem-sucedida da tolerância em sociedades com instituições liberais, não havia como saber da possibilidade de uma sociedade pluralista estável e razoavelmente harmoniosa. Por isso, a intolerância foi aceita durante tantas décadas, mesmo depois da Reforma, como uma condição da ordem e estabilidade sociais. Certamente a secularização — e esse foi um processo que se desenvolveu paulatinamente a partir de concepções liberais em círculos teológicos — viria a coroar de vez a especificidade do liberalismo político, autodiferenciado do problema do bem supremo. Como Rawls observa, para os modernos, o bem se dava a conhecer em sua religião; com suas divisões profundas, o mesmo não se verificava em relação às condições essenciais de uma sociedade viável e justa. Assim as diferenciações das esferas do político, do social e do econômico seguem organicamente a separação pós-luterana entre a esfera eclesiástica e a esfera civil.

Rawls tematiza, assim, o problema de como sair do mero *modus vivendi*, por exemplo, da tolerância liberal, em direção a um consenso constitucional onde tais princípios são efetivamente endossados e, posteriormente, encarnar o ideal de razão pública em práticas cotidianas que nos remetem ao consenso sobreposto, dentro do "império da lei" (*rule of law*) ou do chamado "estado democrático de direito" (*demokratische Rechtsstaat*). O problema de como tolerar o intolerante, enunciado na *Teoria da justiça*, tanto nos termos da desobediência civil quanto do "livre-atirador" (ou "caronista", *free rider*, que se aproveita dos benefícios institucionais apesar de não subscrever à sua obrigação política), é reformulado de maneira decisiva para realizar o consenso sobreposto através da cultura política pública. É nesse sentido que Rawls identifica o supremo tribunal como exemplo de razão pública, mas com os devidos limites impostos pela constituição democrática e pela vontade geral: "... o poder supremo de um governo constitucional não pode caber ao legislativo, nem mesmo ao supremo tribunal, que é apenas o melhor intérprete judicial da constituição. O poder supremo é detido pelos três poderes, numa relação devidamente especificada de uns com os outros e sendo cada qual responsável perante o povo."

O direito dos povos

O direito dos povos estende a idéia do contrato social da justiça como eqüidade à Sociedade dos Povos — liberais e não-liberais — com o intuito preciso de julgar os objetivos e limites da guerra justa, ou seja, para regulamentar a conduta recíproca, assegurando a coexistência pacífica dos povos. Estes são atores na Sociedade dos Povos assim como os cidadãos são os atores na sociedade nacional, e possuem características institucionais, culturais e morais que os distinguem de Estados e nações, ao mesmo tempo em que determinam suas afinidades comuns e uma identidade coletiva. É estabelecida uma importante distinção entre direitos humanos básicos — estendidos a todos os povos — e os direitos de cada cidadão de uma democracia constitucional liberal. Rawls considera cinco tipos diferentes de sociedades nacionais, a saber: (1) os povos liberais razoáveis: aqueles que aderem, numa maior ou menor proporção, ao modelo descrito pela justiça como eqüidade, portanto as democracias constitucionais ocidentais e aquelas que subscrevem aos princípios do Estado democrático de direito; (2) os povos decentes: povos não-liberais com uma estrutura básica que pode ser denominada "hierarquia de consulta decente", na medida em que não negam os direitos humanos, mas os reconhecem e os protegem, inclusive permitindo aos seus cidadãos o direito de serem consultados ou um papel substancial nas decisões; (3) Estados fora da lei: regimes que se recusam a aquiescer a um Direito dos Povos razoável, recorrendo à guerra e ao terrorismo para promover seus interesses não-razoáveis; (4) sociedades sob o ônus de condições desfavoráveis: aquelas cujas circunstâncias históricas, sociais e econômicas tornam difícil, se não impossível, alcançar um regime bem-ordenado; (5) os absolutismos benevolentes: povos que honram os direitos humanos mas negam aos seus membros um papel significativo nas decisões políticas.

Rawls denomina os dois primeiros tipos de povos "bem-ordenados" e propõe oito princípios de direito internacional, que desempenham um papel análogo à escolha dos princípios de justiça na posição original. Os povos:

1) são livres e independentes, e sua liberdade e independência devem ser respeitadas mutuamente;

2) devem observar tratados e compromissos;

3) são iguais e são partes em acordos que obrigam;

4) sujeitam-se ao dever de não-intervenção;

5) têm o direito de autodefesa, único motivo legítimo para a guerra justa;

6) devem honrar os direitos humanos;

7) devem observar certas restrições especificadas na conduta da guerra;

8) têm o dever de assistir a outros povos vivendo sob condições desfavoráveis.

Segundo Rawls, o que é importante para o Direito dos Povos são a justiça e a estabilidade de sociedades liberais e decentes, sem atentar para questões de justiça distributiva. Portanto, ao contrário de alguns de seus mais ilustres epígonos e interlocutores em relações internacionais (notavelmente Charles Beitz e Thomas Pogge), Rawls não compartilha das teses cosmopolitas segundo as quais uma teoria da justiça global deve regulamentar as desigualdades entre os povos e impedir que se tornem excessivas.

Os ideais da paz perpétua advogada por Saint-Pierre, Rousseau e Kant no século XVIII são resgatados por Rawls no que ele denomina uma "utopia realista", enquanto alternativa concreta a uma *pax americana* que, assim como a *pax romana* há dois milênios, carece de fundamentos normativos pela própria imposição de interesses econômicos particulares. Rawls é implacável nas suas críticas à política externa americana, desde o uso de bombas atômicas contra a população civil de Hiroshima e Nagasaki até a intervenção desastrosa contra regimes democráticos, como o de Allende, por interesses econômicos e ideológicos de "segurança nacional". Ele também não hesita em vincular o Holocausto ao anti-semitismo cristão para mostrar que o problema das guerras de intolerância, reproduzido na Irlanda do Norte e no conflito palestino-israelense, continua sendo o maior desafio para a normatividade ético-política moderna, a saber, como diferentes doutrinas abrangentes (religiosas, morais, ideológicas etc.), incompatíveis entre si, podem conviver pacificamente de forma a viabilizar a sociabilidade?

O debate Rawls-Habermas

Jürgen Habermas insinuou que Rawls teria feito concessões demais a seus críticos. Além disso, segundo Habermas, falta em Rawls uma teoria da verdade para dar conta da fundamentação cognitiva do agir moral. O próprio Habermas apresenta um modelo alternativo, uma espécie de "terceira via" com relação a liberais e comunitaristas, na medida em que sua teoria deliberativo-participativa da democracia combina uma versão republicana da ética do discurso com os aportes procedimentais da teoria da justiça. No chamado debate Rawls-Habermas, o filósofo alemão parte, na verdade, de críticas imanentes a fim de atingir os pontos fracos de uma teoria que é mais próxima da sua do que ele parece admitir, como numa briga de família (*family feud*). Segundo Habermas, a teoria rawlsiana da justiça falha em pelo menos três aspectos: (1) a posição original não parece dar conta da imparcialidade requerida por princípios deontólogicos de justiça; (2) a distinção entre questões de justificação e questões de aceitabilidade é borrada e neutralizada pela concepção rawlsiana de justiça, enfraquecendo suas reivindicações de validade; (3) ao construir o Estado constitucional em função da primazia dos direitos liberais básicos sobre o princípio democrático de legitimação, Rawls solapa o seu intento de reconciliar as liberdades dos modernos com as dos antigos.

Como era de se esperar, Rawls recorre à distinção entre uma doutrina abrangente (como a teoria do agir comunicativo, de Habermas) e a sua concepção política da justiça como eqüidade. Ele mantém, nas suas réplicas a Habermas, que se trata, em última análise, de se recorrer a um equilíbrio reflexivo amplo, geral, pleno e intersubjetivo. Segundo Rawls, o seu procedimentalismo difere do de Habermas sobretudo pela sua concepção de justificação — que não pode ser confundida com a sua aplicabilidade —, podendo ser expressa nos seguintes termos: (1) uma justificação *pro tanto*, onde apenas valores políticos contam — embora uma justificativa política *pro tanto* possa ser traspassada (passada por cima, *overriden*) por doutrinas abrangentes; (2) uma justificação plena da concepção política por um indivíduo na sociedade — na medida em que cada um afirma tanto uma concepção política e uma doutrina abrangente — nem que seja nula, como o agnosticismo ou o ceticismo; (3) uma justificação pública pela sociedade política, segundo a qual tal justificação é sedimentada, arraigada, encrustrada nas diversas doutrinas abrangentes razoáveis, uma vez que passa a fazer parte da natureza política e cultural de uma sociedade democrática pluralista. De resto, Rawls concorda plenamente com Habermas no que diz respeito à correlação entre democracia e direito constitucional: não há sociedade justa sem uma constituição justa. Portanto, o equilíbrio reflexivo nos remete inevitavelmente a convenções e instâncias de reformas constitucionais, reformas do judiciário e do Estado democrático de direito.

A dificuldade maior consiste, sobretudo, em compreender o sentido rawlsiano de neutralidade, partindo da diferenciação que o próprio Rawls estabelece entre uma neutralidade de procedimento (*procedural neutrality*, como a sugere Habermas) e uma neutralidade de objetivo ou propósito (*neutrality of aim*). Por outro lado, tanto em Rawls quanto em Habermas, a neutralidade nos remete à questão da prioridade do justo com relação ao bem, e em ambos os autores a questão da justiça deve ser tratada à luz das exigências impostas pela juridicidade e pelas instâncias constitucionais. Se os indivíduos são socializados em suas respectivas culturas (valores normativos como religião, moral e opção partidária), eles também são catalisadores da mesma cultura que ajudam a produzir e reproduzir, de forma a desvelar uma defasagem constante entre a cultura e o político.

As contribuições de autores como Rawls e Habermas mostram sobretudo que o procedimentalismo deve ser complementado pela idéia normativa de uma razão pública concebida em termos democrático-constitucionais. Mesmo que se idealizasse uma concepção universalizável de cultura política, o que se tem hoje é uma proposta democrático-liberal que, apesar de todas as deficiências em sua gênese histórico-conceitual (colonialismo e pós-colonialismo), ainda se apresenta como a mais viável para todas as nações, inclusive para as que ainda não têm valores democráticos sedimentados em seu *ethos* sociopolítico. Assim, as liberdades básicas e os direitos fundamentais — a começar pelo direito a saúde, educação e trabalho —, apesar de "garantidos" pela constituição de muitos países, devem ser efetivamente reivindicados pela sociedade civil, mesmo em se tratando de questões que envolvem discussões técnicas, especificamente pertinentes ao governo e aos três poderes em seus variados níveis de representatividade.

Estabilidade

Justice as Fairness: A Restatement foi a última obra de Rawls, organizada por uma de suas discípulas mais próximas, Erin Kelly, que compilou suas notas de cursos em Harvard durante os anos 1980 e as publicou como livro em 2001. O próprio Rawls pôde rever o manuscrito nos anos

1990, quando terminava seu *Liberalismo político* e preparava *O direito dos povos*, embora o texto já estivesse bem próximo de seu formato definitivo em 1989. Como o subtítulo o sugere, trata-se de uma reformulação e de uma reafirmação de sua obra completa, que foi meticulosa e continuamente revista ao longo de quase meio século, se forem levados em conta os primeiros textos que originaram a sua *Teoria da Justiça*. Uma das grandes teses do *Restatement* diz respeito à articulação dos valores morais inerentes à concepção normativa da sociedade com a sua aplicação específica e estritamente política à estrutura básica da sociedade.

Como foi visto no *Liberalismo político*, a concepção política da justiça como eqüidade não tem de ser abrangente e, com efeito, o fato de não ser abrangente é precisamente o que viabiliza que visões morais possam coexistir pacificamente, apesar de serem até mesmo incompatíveis entre si. Segundo Rawls, uma concepção da justiça caracteriza nossa sensibilidade moral quando os juízos cotidianos que emitimos estão em acordo com os seus princípios. A concepção política é moral, por assim dizer, apenas num sentido de normatividade societal. Outrossim, Rawls enfatiza que uma tal concepção política não deve ser entendida como uma "filosofia moral aplicada" na medida em que a justiça como eqüidade é tomada enquanto uma visão independente (*free-standing view*), capaz de engendrar seu próprio embasamento no domínio do político. É nesse contexto que se afirma que a sociedade política é fechada (ninguém escolhe nela nascer e só é possível dela sair pela morte) e que o poder político é sempre coercivo e legitimamente autorizado a fazer com que a lei seja cumprida. Somente assim pode-se entender por que o consenso sobreposto se mantém de uma geração a outra, garantindo a estabilidade vital para a preservação das instituições sociais, econômicas e políticas.

A questão da estabilidade está no próprio fundamento da idéia rawlsiana da sociedade enquanto sistema eqüitativo de cooperação social, isto é, a idéia de uma tal sociedade só pode ser considerada bem fundada (*reasonably grounded*) na medida em que é concebida nos termos de uma sociedade bem-ordenada, satisfazendo as exigências da publicidade, reciprocidade e estabilidade inerentes a uma concepção política de justiça em uma democracia constitucional. O liberalismo político de Rawls mostra-se, portanto, como um modelo procedimental de democracia constitucional capaz de assegurar que um sistema eqüitativo de cooperação social possa ser mantido através do tempo, de uma geração a outra, regulando reflexivamente suas instituições. Tal modelo se aplica a uma democracia constitucional deliberativa, que ele mesmo denomina de "socialismo liberal democrático" ou "democracia de proprietários" (*property-owning democracy*), como alternativa ao capitalismo *laissez-faire*, ao socialismo estatal e ao capitalismo de *welfare state*.

O direito dos povos e o *Restatement* mostram que o liberalismo político e sua concepção correlata da justiça como eqüidade se apresentam como modelos teóricos consistentes para justificar a democracia hoje, em plena efervescência geopolítica, dadas as crescentes desigualdades econômicas e a escalada do terror e da instabilidade entre os povos. Assim como a democracia é um fenômeno político oriundo da civilização grega, a globalização deve ser entendida à luz da modernização e racionalização inerentes a processos de civilização ocidental. Rawls parte de pressupostos pragmáticos quanto à solidificação da democracia e a processos de democratização em sociedades ocidentais: depois de vários séculos de conflitos e lutas pelo reconhecimento através de imperialismos e colonialismos, o mundo pós-guerra pode finalmente, apesar de todas as contradições, contemplar a possibilidade de uma coexistência pacífica, na medida em que um número cada vez maior de nações adere às regras do jogo democrático. Embora o mundo esteja longe de realizar o sonho iluminista de uma paz perpétua, foi experienciada ainda no século passado a criação de uma Liga das Nações, em 1919, da Organização das Nações Unidas, em 1945, e de instituições econômicas visando o desenvolvimento (notavelmente o FMI, o Banco Mundial e a Organização Mundial do Comércio), na tentativa de salvaguardar e estender a Declaração Universal dos Direitos Humanos a todos os povos.

Nunca é demais lembrar que não se pode achar que a democracia esteja aí para ficar, ou que tenha caído do céu ou simplesmente surgido através das contingências da história, sem nenhuma reivindicação normativa. Em uma palavra, Rawls sugere que não se pode jamais assumir a democracia como um dado, que se aceita como verdadeiro, ou como dizem os americanos "*take it for granted*". Com efeito, todas as elaborações e reformulações da teoria rawlsiana da justiça como eqüidade convergem para essa questão de tornar a democracia não apenas defensável mas ainda viável e como única forma de coexistência pacífica estável hoje. Como Rawls o afirma em seu *Restatement*, "que a sociedade democrática seja freqüentemente vista como como um sistema de cooperação social é sugerido pelo fato de que, de um ponto de vista político e no contexto da discussão pública de questões fundamentais de direito político, seus cidadãos não consideram a sua ordem social como uma ordem natural fixa ou como uma estrutura institucional justificada por doutrinas religiosas ou princípios hierárquicos exprimindo valores aristocráticos."

Seleção de textos

"A kantian conception of equality" (1975), in *Collected Papers*, §§ I-III, VI.

I

Meu propósito nestas observações é fazer um breve registro da concepção de igualdade que subjaz à visão exposta em *Uma teoria da justiça* e os princípios ali considerados. Espero enunciar a idéia intuitiva fundamental de maneira simples e informal, sem nenhum esforço, portanto, de esboçar o argumento a partir da posição original.* Na verda-

* O argumento em *Uma teoria da justiça* foi igualmente informal na medida em que defendia os princípios de justiça pela consideração do equilíbrio de razões a seu favor dada uma breve lista de concepções filosóficas tradicionais. Parece, todavia, que os argumentos formais são possíveis. Steven Strasnick encontrou uma prova de que certas condições familiares sobre funções da escolha social (e parece natural associá-las com a posição original), quando reunidas com o princípio de prioridade preferencial, acarretam o princípio da diferença. Ele também mostrou que se segue uma forma do princípio da diferença, se for modificada a condição de independência de Arrow (usada na prova do teorema da impossibilidade) para acomodar a noção de prioridade de preferência.

de, esta construção só é mencionada no final, e apenas para indicar o seu papel em fornecer uma interpretação kantiana para a concepção de igualdade já apresentada.

Uma vez plenamente articulada, qualquer concepção de justiça exprime uma concepção de pessoa, das relações entre pessoas e da estrutura geral e dos fins da cooperação social. Aceitar os princípios que representam uma concepção de justiça equivale a aceitar um ideal de pessoa; e, ao agir a partir destes princípios, nós realizamos um tal ideal. Comecemos, então, com uma tentativa de descrever o tipo de pessoa que nós podíamos ser e a forma de sociedade na qual nós gostaríamos de viver e de formar nossos interesses e caráter. Chegamos deste modo à noção de uma sociedade bem-ordenada. Primeiramente descreverei esta noção e em seguida a usarei para explicar uma concepção kantiana de igualdade.

Antes de mais nada, uma sociedade bem-ordenada é efetivamente regulada por um conceito público de justiça. Ou seja, é uma sociedade na qual todos os membros aceitam e sabem que os outros aceitam os mesmos princípios (a mesma concepção) de justiça. O que ocorre é que as instituições sociais básicas e seus arranjos num esquema único (a estrutura básica) realmente satisfazem e estão embasados em boas razões que todos crêem satisfazerem tais princípios. Finalmente, a publicidade também implica que a concepção pública está fundamentada em crenças razoáveis que tenham sido estabelecidas por métodos de investigação geralmente aceitos; e o mesmo é verdade quanto à aplicação de tais princípios aos arranjos sociais básicos. Este último aspecto da publicidade não significa que todos compartilhem as mesmas crenças religiosas, morais e teóricas; ao contrário, pressupõe-se que estas sejam acentuadas e que haja na verdade diferenças irreconciliáveis sobre tais questões. Mas, ao mesmo tempo, há um entendimento compartilhado de que os princípios de justiça e sua aplicação à estrutura básica da sociedade deviam ser determinados por considerações e evidências que são apoiadas por procedimentos racionais comumente reconhecidos.

Em segundo lugar, eu suponho que os membros de uma sociedade bem-ordenada são, eles mesmos, pessoas morais livres e iguais. Eles são pessoas morais na medida em que, uma vez que já alcançaram a idade da razão, cada um tem e vê os outros como tendo um senso realizado de justiça; e este sentimento informa a sua conduta na maior parte do tempo. Que eles sejam iguais é expresso pela suposição que cada um deles tem e se vê mutuamente como possuindo um direito ao respeito igual e consideração em determinar os princípios pelos quais os arranjos básicos das sociedade devem ser regulados. Finalmente, exprimimos o fato de serem livres ao estipular que cada um deles tem e se vê mutuamente como possuindo propósitos fundamentais e interesses de ordem superior (uma concepção do seu bem) em nome dos quais é legítimo fazer reivindicações mútuas quanto ao desígnio de suas instituições. Ao mesmo tempo, enquanto pessoas livres eles não pensam de si mesmos como inevitavelmente vinculados, ou como idênticos com, à busca de qualquer arranjo particular de interesses fundamentais que eles possam ter num momento qualquer; pelo contrário, eles se concebem a si mesmos como capazes de revisar e alterar esses fins terminais e dão prioridade à preservação da sua liberdade nesse sentido.

Ademais, estou assumindo que a sociedade bem-ordenada é estável com relação à sua concepção de justiça. Isso significa que instituições sociais engendram um sentido efetivo sustentável de justiça. Ao considerar a sociedade como uma preocupação vigente, os seus membros adquirem, à medida em que crescem, uma adesão à concepção pública, e tal compromisso freqüentemente supera as tentações e desgastes da vida social.

Ora, o que nos interessa aqui é uma concepção de justiça e a idéia de igualdade que lhe é correlata. Assim, suponhamos que uma sociedade bem-ordenada exista nas circunstâncias da justiça. Estas requerem uma certa concepção de justiça e dão destaque ao seu papel especial. Em primeiro lugar, há uma escassez moderada. Isso significa que, embora a cooperação social seja produtiva e mutuamente vantajosa, o ganho de uma pessoa ou grupos não implica necessariamente a perda de outrem, os recursos naturais e o desenvolvimento tecnológico são tais que os frutos de esforços conjuntos ficam aquém das reivindicações que as pessoas fazem. Em segundo lugar, pessoas e associações têm concepções contrárias do bem que as levam a fazer reivindicações conflitantes umas sobre as outras; e também sustentam convicções religiosas, filosóficas e morais opostas (sobre questões que a concepção pública deixa abertas), assim como os diferentes modos de avaliar argumentos e evidência em muitos casos importantes. Dadas tais circunstâncias, os membros de uma sociedade bem-ordenada não são indiferentes quanto ao modo como os benefícios produzidos pela sua cooperação são distribuídos. Um conjunto de princípios é requerido para arbitrar entre arranjos sociais que dêem forma a essa divisão de vantagens. Assim o papel dos princípios de justiça é atribuir direitos e deveres na estrutura básica da sociedade e especificar a maneira pela qual as instituições devem influenciar a distribuição geral dos retornos da cooperação social. A estrutura básica é o objeto primário da justiça e aquele ao qual os princípios de justiça são aplicados em primeira instância.

Talvez seja útil observar que a noção de uma sociedade bem-ordenada é uma extensão da idéia de tolerância religiosa. Considere uma sociedade pluralista, dividida por suas linhas religiosas, étnicas ou culturais, nas quais os diversos grupos têm alcançado um firme entendimento sobre o esquema de princípios para regular suas instituições fundamentais. Embora tenham divergências profundas sobre outras coisas, há um acordo público quanto a esse referencial de princípios e os cidadãos se vinculam. Uma sociedade bem-ordenada não tem atingido harmonia social em todas as coisas, se na verdade isso fosse desejável; mas ela tem logrado uma boa dose de justiça e estabelecido uma base para a amizade cívica, o que torna possível assegurar a associação conjunta de pessoas.

II

A noção de uma sociedade bem-ordenada assume que a estrutura básica, as instituições sociais fundamentais e seus arranjos em um esquema único são o objeto primário de justiça. Qual a razão para um tal pressuposto? Antes de mais nada, qualquer discussão acerca da justiça social deve levar em consideração a natureza da estrutura básica. Suponha que comecemos com a idéia inicialmente atraente de que o processo social devesse se desenvolver ao longo do tempo conforme a exigência de se chegar eqüitativamente a acordos livres e que estes fossem plenamente honrados. Imediatamente precisamos de um registro de quando os acordos são livres e as condições sob as quais eles são alcançados são eqüitativas. Ademais, embora tais condições possam ser satisfeitas num período mais curto, os resultados acumulados de acordos em conjunção com contingências sociais e históricas provavelmente mudariam instituições e oportunidades de tal forma que as condições para acordos livres e eqüitativos não se sustentem mais. A estrutura básica especifica condições de fundo sob as quais as ações de indivíduos, grupos e associações acontecem. A menos que essa estrutura seja regulada e corrigida de forma a ser justa através do tempo, o processo social com os seus procedimentos e resultados não é mais justo, embora transações particulares possam parecer livres e eqüitativas quando vistas por si mesmas. Nós reconhecemos este princípio quando dizemos que a distribuição resultante de transações voluntárias de mercado não será em geral eqüitativa a menos que uma distribuição prévia de proventos e riquezas e a estrutura do mercado o sejam. Assim parecemos forçados a iniciar com um registro de uma estrutura básica justa. É como se o acordo mais importante fosse o que estabelece os princípios que governam essa estrutura. Ademais, esses princípios devem ser reconhecidos previamente, por assim dizer. Concordar com eles agora, quando todos conhecem a sua presente situação, capacitaria alguns para que pudessem tirar vantagem injustamente das contingências sociais e naturais, e dos resultados de acidentes e acúmulos históricos.

Outras considerações também apóiam que se tome a estrutura básica como o objeto primário da justiça. Tem sido sempre reconhecido que o sistema social forma os desejos e aspirações de seus membros; ele determina em grande proporção o tipo de pessoas que elas querem ser, assim como o tipo de pessoas que são. Desse modo, um sistema econômico é não apenas um dispositivo institucional para satisfazer carências e desejos existentes [*existing wants and desires*], mas uma maneira de forjar carências e desejos no futuro. Através de quais princípios devemos regular um esquema de instituições que tenha tais conseqüências fundamentais para nossa concepção de nós mesmos e de nossos interesses e alvos? Esta questão torna-se ainda mais crucial quando consideramos que a estrutura básica contém desigualdades sociais e econômicas. Estou assumindo que estas sejam necessárias, ou altamente vantajosas, por várias razões: elas são requeridas a fim de manter e efetivar arranjos sociais, ou para servir como incentivos; ou talvez elas sejam um modo de colocar recursos nas mãos daqueles que podem fazer o melhor uso social dos mesmos; e assim por diante. Em todo caso, dadas essas desigualdades, os projetos de vida dos indivíduos estão destinados a serem afetados de maneira importante pelas suas origens de família e classe, pelos seus dotes naturais e contingências aleatórias de seu desenvolvimento (particular precoce), e por outros acidentes ao longo do curso das suas vidas. A estrutura social limita, portanto, as ambições e expectativas sociais de diferentes maneiras, pois as pessoas verão a si mesmas, com razão, em parte de acordo com o seu lugar na estrutura, e levarão em conta os meios e oportunidades que podem esperar realisticamente.

A justiça da estrutura básica é, portanto, de importância fundamental. O primeiro problema da justiça é determinar os princípios para regular as desigualdades e ajustar os efeitos profundos e de longa duração das contingências sociais, naturais e históricas, particularmente porque, combinadas com as desigualdades, essas contingências, quando abandonadas a si mesmas, são profundamente díspares com relação à liberdade e igualdade apropriadas para uma sociedade bem-ordenada. Em vista do papel especial da estrutura básica, não podemos assumir que os princípios a ela adequados sejam aplicações naturais, ou mesmo extensões, dos princípios familiares que governam as ações de indivíduos e associações na vida cotidiana. É mais provável que tenhamos de relativizar a nossa perspectiva ordinária e adotar um ponto de vista mais abrangente.

III

Enunciarei agora e explicarei os dois princípios de justiça, e discutirei em seguida a pertinência desses princípios para uma sociedade bem-ordenada. Eles rezam como se segue:

1. Cada pessoa tem um direito igual ao mais extensivo esquema de liberdades fundamentais iguais compatíveis com um esquema semelhante de liberdades para todos.

2. As desigualdades sociais e econômicas devem satisfazer duas condições: elas devem ser (a) para o maior benefício esperado dos menos favorecidos; e (b) vinculadas a cargos e posições abertas a todos em condições de oportunidade eqüitativa.

O primeiro desses princípios deve ter prioridade sobre o segundo; e a medida de benefício para os menos favorecidos é especificada em termos de um índice de bens primários sociais. Defino esses bens, grosso modo, como direitos, liberdades e oportunidades, proventos e riquezas, assim como as bases sociais de auto-respeito [*self-respect*]. Assume-se que os indivíduos querem esses bens independentemente de tudo o mais que queiram ou de quaisquer que sejam os seus fins terminais. Os menos favorecidos são definidos, grosso modo, como a sobreposição [*overlap*] entre aqueles que são os menos favorecidos por cada um dos três modos de contingências. Assim, esse grupo inclui pessoas cujas origens de família e classe são mais desvantajosas que outras, cujos dotes naturais lhes permitiram ser menos bem-sucedidos e cuja sina e sorte têm sido relativamente menos favoráveis, tudo isso dentro de um alcance normal (como assinalado abaixo) e com as medidas relevantes embasadas nos bens primários sociais. Sem dúvida, várias distinções são necessárias, mas esta definição dos menos favorecidos adequadamente exprime a relação com o problema da contingência e deveria ser suficiente para nossos propósitos aqui.

Estou também supondo aqui que todo o mundo tem necessidades físicas e capacidades psicológicas dentro do alcance normal, de tal modo que os problemas do cuidado médico especial e de como tratar os deficientes mentais não são levantados. Além de prematuramente introduzir questões difíceis que podem levar-nos para além da teoria da justiça, a consideração desses casos complexos pode distrair nossa percepção moral, levando-nos a pensar em pessoas distantes de nós, cujo destino suscita piedade e ansiedade. Embora o primeiro problema da justiça diga respeito às relações entre aqueles que no curso normal das coisas são participantes plenos e ativos na sociedade e direta ou indiretamente se associam ao longo de toda a sua vida.

Ora, os membros de uma sociedade bem-ordenada são livres e iguais; portanto, consideremos primeiro a pertinência dos dois princípios para a sua liberdade, e em seguida para a sua igualdade. Esses princípios refletem dois aspectos da sua liberdade, a saber, liberdade e responsabilidade, que abordarei em seguida. No que tange à liberdade, lembremos que as pessoas numa sociedade bem-ordenada se concebem como tendo metas e interesses fundamentais que elas devem proteger, dentro do possível. É parcialmente em nome desses interesses que elas têm direito à consideração e respeito iguais no desígnio da sua sociedade. Um exemplo familiar histórico é o interesse religioso; um outro exemplo é o interesse na integridade da pessoa, livre de opressão psicológica e de agressão física. A noção de sociedade bem-ordenada deixa em aberto que expressão particular desses interesses ela toma; apenas a sua forma geral é especificada. Mas os indivíduos têm efetivamente interesses dos tipos requeridos e as liberdades fundamentais necessárias para a sua proteção são garantidas pelo primeiro princípio.

É essencial observar que essas liberdades são dadas por uma lista de liberdades importantes, entre as quais encontram-se a liberdade de pensamento e liberdade de consciência, a liberdade da pessoa e liberdade política. Essas liberdades têm um âmbito central de aplicação dentro do qual elas podem ser limitadas e comprometidas apenas quando entram em conflito com outras liberdades fundamentais. Visto que elas podem ser limitadas quando conflitam entre si, nenhuma dessas liberdades é absoluta; todavia, embora sejam ajustadas para formar um sistema, este deve ser o mesmo para todos. É difícil — e talvez seja impossível — dar uma definição completa dessas liberdades independentemente de suas circunstâncias particulares, sociais, econômicas e tecnológicas, de uma sociedade bem-ordenada dada. Todavia, a hipótese é que a forma geral de uma tal lista poderia ser concebida com suficiente precisão a fim de sustentar esta concepção de justiça. Naturalmente, as liberdades que não constam da lista, como o direito de possuir certos tipos de propriedade (por exemplo, meios de produção) e liberdade de contrato como entendida pela doutrina do *laissez-faire*, não são fundamentais; e por isso elas não estão protegidas pela prioridade do primeiro princípio.

Uma razão, portanto, para manter os dois princípios adequados para uma sociedade bem-ordenada é que eles asseguram a proteção dos interesses fundamentais que membros de uma tal sociedade supostamente possuem. Razões adicionais para esta conclusão podem ser dadas pela descrição mais detalhada da noção de uma pessoa livre. Podemos dessa forma supor que tais pessoas se considerem portadoras de um interesse de ordem superior no modo como todos os seus demais interesses, até mesmo os fundamentais, são formados e regulados por instituições sociais. Como observei acima, as pessoas não se concebem como se fossem inevitavelmente vinculadas a qualquer arranjo particular de interesses fundamentais; ao contrário, elas se percebem como capazes de rever e modificar esses fins terminais. Elas desejam, portanto, dar prioridade a sua liberdade para fazer isso, e assim sua lealdade original e contínua devoção aos seus fins devem ser formadas e afirmadas sob condições que são livres. Ou, para dizer em outros termos, os membros de uma sociedade bem-ordenada são vistos como responsáveis pelos seus interesses e fins fundamentais. Embora enquanto membros de associações particulares alguns possam decidir na prática delegar essa responsibilidade para outros, a estrutura básica não pode ser construída de forma a prevenir que as pessoas desenvolvam sua capacidade de serem responsáveis ou que obstruam seu exercício da mesma quando a tiverem alcançado. Os arranjos sociais devem respeitar a sua autonomia, e esta aponta para a propriedade dos dois princípios.

VI

A concepção de igualdade contida nos princípios de justiça foi por mim descrita como sendo kantiana. À guisa de conclusão, menciono rapidamente as razões para essa descrição. Claro, eu não quero dizer que uma tal concepção seja literalmente a concepção de Kant, mas antes que é uma das sem dúvida inúmeras concepções suficientemente semelhantes às partes essenciais de sua doutrina que torna o adjetivo adequado. Muito depende do que se considera essencial. A visão de Kant é marcada por um número de dualismos, em particular entre o necessário e o contingente, forma e conteúdo, razão e desejo, noúmenon e fenômeno. Abandonar esses dualismos como foram concebidos por Kant é para muitos abandonar o que é diferencial em sua teoria. Eu sou de outra opinião. Sua concepção moral tem uma estrutura característica que é mais claramente discernível quando esses dualismos não são tomados no sentido que ele lhes deu, mas reinterpretados e sua força moral reformulada dentro do escopo de uma teoria empírica. Um dos propósitos de *Uma teoria da justiça* foi indicar como esta seria feita.

A fim de sugerir a idéia principal, pense na noção de uma sociedade bem-ordenada como uma interpretação da idéia de um reino de fins concebida como uma sociedade humana sob circunstâncias de justiça. Ora, os membros de tal sociedade são livres e iguais, e nosso problema consiste, portanto, em achar uma interpretação de liberdade e igualdade que seja naturalmente descrita como kantiana; e, visto que Kant distinguia entre liberdade positiva e negativa, devemos nos servir desse contraste. A esta altura, recorro à idéia da posição original: supus que a concepção de justiça apropriada para uma sociedade bem-ordenada é aquela que seria acordada numa situação hipotética que fosse eqüitativa [*fair*] entre indivíduos concebidos como pessoas morais livres e iguais, isto é, como membros de uma tal sociedade. A eqüidade [*fairness*] das circunstâncias sob as quais o acordo é alcançado se transfere à eqüidade dos princípios acordados. A posição original foi concebida de tal forma que a concepção de justiça resultante seria apropriada.

Particularmente importantes dentre as características da posição original para a interpretação da liberdade negativa são os limites da informação, por mim denominados de "véu de ignorância" [*veil of ignorance*]. Ora, há uma forma mais forte e uma mais fraca desses limites. A mais fraca supõe que iniciemos com plena informação, ou com aquilo que possuímos na vida cotidiana, e então prossigamos para eliminar apenas a informação que levaria à parcialidade e propensão. A forma mais forte tem uma explicação kantiana: não iniciamos com informação alguma;

pois Kant entende por liberdade negativa que somos capazes de agir independentemente da determinação de causas alheias; agir por necessidade natural é submeter-se à heteronomia da natureza. Interpretamos esta como requerendo que a concepção de justiça que regula a estrutura básica, com seus efeitos profundos e de longa duração em nossa vida comum, não deveria ser adotada por razões [*grounds*] que se embasam num conhecimento das contingências diversas. Assim, quando se concorda quanto a esta concepção, são excluídos o conhecimento de nossa posição social, nossos desejos e interesses peculiares ou de vários resultados e configurações de acidente natural e histórico. Permite-se apenas a informação requerida para um acordo racional. Isso significa que, na medida do possível, apenas as leis gerais da natureza sejam conhecidas juntamente com tais fatos particulares como são implicados nas circunstâncias da justiça. Obviamente, devemos capacitar as partes com alguma motivação, do contrário nenhum reconhecimento seria disponível. A discussão kantiana do segundo par de exemplos na *Fundamentação* indica, creio eu, que ao aplicar o procedimento do imperativo categórico Kant tacitamente se apoiou em algum registro de bens primários. Em todo caso, se os dois princípios seriam adotados na posição original com seus limites impostos sobre a informação, a concepção de igualdade que eles contêm seria kantiana no sentido de que ao agir por essa concepção os membros da sociedade bem-ordenada exprimiriam sua liberdade negativa. Eles teriam logrado regular a estrutura básica e suas profundas conseqüências sobre as pessoas e relações mútuas por princípios cujos fundamentos são adequadamente independentes do acaso e da contingência.

A fim de prover uma interpretação da liberdade positiva, duas coisas são necessárias: primeiro, as partes concebidas como pessoas morais livres e iguais devem desempenhar um papel decisivo na sua adoção da concepção de justiça; e segundo, os princípios dessa concepção devem possuir um conteúdo apropriado para exprimir essa visão determinante de pessoas, e devem ser aplicáveis ao objeto institucional de controle. Ora, se for correto, o argumento da posição original parece satisfazer essas condições. A suposição de que as partes são pessoas morais livres e iguais tem efetivamente um papel essencial nesse argumento; e no que tange ao conteúdo e aplicação esses princípios exprimem, na sua face pública como se diria, a concepção das pessoas que é efetivada em uma sociedade bem-ordenada. Eles dão prioridade às liberdades fundamentais, consideram os indivíduos como entes livres e senhores responsáveis por seus propósitos e desejos, e todos devem compartilhar igualmente dos meios para a realização de fins, a menos que a situação de cada um possa ser melhorada, tomando a divisão igual como ponto de partida. Uma sociedade que efetivou esses princípios alcançaria a liberdade positiva, pois eles refletem as características de pessoas que determinaram sua seleção e assim exprimem uma concepção que elas atribuem a si mesmas.

Cronologia

1921	Nasce em 21 de fevereiro, em Baltimore, estado de Maryland, EUA.
1939	Cola grau na Kent School, uma famosa escola preparatória.
1943	Recebe seu Bachelor of Arts na Princeton University, New Jersey, EUA.
1949	Casa-se com Margaret Warfield Fox.
1950	Recebe seu Ph.D. em Filosofia em Princeton.
1951	Publica "Outline of a Decision Procedure for Ethics" (*Philosophical Review* 60/2).
1950-52	Trabalha como professor auxiliar (*instructor*) em Princeton.
1952-53	Recebe uma bolsa Fulbright para trabalhar no Christchurch College, Oxford University, Inglaterra.
1955	Publica "Two Concepts of Rules" (*Philosophical Review* 64/1), baseado em comunicação apresentada em Harvard em 1954.

1953-59 Trabalha como professor assistente e adjunto na Cornell University, em Ithaca, NY, EUA.

1958 Publica "Justice as Fairness" (*Philosophical Review* 67/2)

1960-61 Leciona no Massachusetts Institute of Technology (MIT), EUA.

1962 Torna-se professor titular de filosofia em Harvard.

1970-72 Serve como Presidente da Association Americana de Filósofos Políticos e Sociais.

1971 Publica sua obra-prima, *A Theory of Justice.*

1974 Serve como Presidente da Divisão Leste da Associação Americana de Filosofia (APA).

1975 Publica "A Kantian Conception of Equality" (*Cambridge Review* 96), reimpresso com o título "A Well-Ordered Society" em 1979 (in Peter Laslett e James Fishkin, orgs., *Philosophy, Politics, and Society*. New Haven: Yale University Press).

1979 Torna-se titular da cátedra de filosofia James Bryant Conant na Harvard University, Cambridge, Massachusetts, EUA.

1980 Profere três conferências (John Dewey Lectures) sobre "Kantian Constructivism in Moral Theory", publicadas no *Journal of Philosophy* 77 (setembro de 1980).

1983 Profere três palestras sobre "Themes in Kant's Moral Philosophy", publicadas no volume *Kant's Transcendental Deductions: The Three Critiques and the Opus Postumum*, org. Eckart Forster (Palo Alto: Stanford University Press, 1989).

1991 Torna-se professor emérito em Harvard.

1993 Em 12 de fevereiro, aniversário de Abraham Lincoln, profere a conferência "The Law of Peoples", na Oxford Amnesty Lecture. Publica *Political Liberalism* (New York: Columbia University Press). A edição em brochura aumentada ("Paperback edition", 1996) — inclui uma nova introdução e reproduz a réplica de Rawls a Habermas.

1995 Primeiro de vários derrames que o inviabilizarão de prosseguir sua carreira acadêmica. Publicação dos textos do debate entre Rawls e Habermas no volume 92 do *Journal of Philosophy* (março).

1999 Publica *The Law of Peoples.* Samuel Freeman organiza e publica os seus *Collected Papers.*

2000 Barbara Herman organiza e publica suas *Lectures on the History of Moral Philosophy.*

2001 Erin Kelly organiza e publica *Justice as Fairness: A Restatement.*

2002 Morre em 24 de novembro em sua casa em Lexington, Massachusetts, EUA, aos 81 anos de idade.

Referências e fontes

- As citações de Rawls foram extraídas dos textos listados na seção seguinte.
- Os dados biográficos de Rawls foram extraídos de:

  Nagel, Thomas. "Justice, justice, shalt thou pursue." *The New Republic*, 25.10.1999.

  Pogge, Thomas. *John Rawls*. Col. Denker. Munique, Beck, 1994.

  Rogers, Ben. "Portrait: John Rawls", *Prospect* (jun 1999).
- A citação da p.18 está no *Liberalismo político*, p.47s. Esta pode ser considerada uma versão definitiva da formulação dos dois princípios de justiça.
- p.19. Ver *Uma teoria da justiça*, p.65.
- Para as críticas de Michael Sandel, ver *Liberalism and the Limits of Justice* (Cambridge, Cambridge UP, 1982, p.54-64).
- Sobre a seção "Utilitarismo e intuicionismo", ver especialmente *Uma teoria da justiça*, p.24-44, e Amartya Sen, *Sobre ética e economia* (São Paulo, Companhia das Letras, 1999, p.55).
- Sobre o construtivismo político ver *Liberalismo político*, p.134-50.

- A citação da p.32 está em Carlos Thiebaut, "As racionalidades do contrato social: Kant e Rawls", in Paulo Krischke (org.), *O contrato social, ontem e hoje* (São Paulo, Cortez, 1993, p.282).
- p.37-9, 42-3. Ver *Liberalismo político*, p.205, 213-5; 32 e 283.
- p.45-7. Ver *Political Liberalism* (brochura, 1996), p.386s.
- p.47-8. Ver *Restatement*, p.182-5.
- A citação da p.49 encontra-se no *Restatement*, p.6.

Leituras recomendadas

O leitor com pouco conhecimento de filosofia política deve começar pela leitura dos ensaios, conferências e artigos de Rawls, embora a maior parte deles não esteja ainda disponível em português. Em seguida, pode passar à leitura da sua trilogia, em ordem cronológica.

Há versões para o português dos seguintes textos de John Rawls:

- "Justiça como eqüidade: uma concepção política, não metafísica". *Lua Nova* 25 (1992): 25-59. Excelente introdução à teoria rawlsiana.
- *Justiça e democracia* (São Paulo, Martins Fontes, 1998). Coletânea de artigos.
- *Uma teoria da justiça* (São Paulo, Martins Fontes, 1997. Trad. A. Pisetta e L.M.R. Esteves.) A obra-prima do autor, um clássico da filosofia política.
- *O liberalismo político* (São Paulo, Ática, 2000, 2ª ed. Trad. Dinah de Abreu Azevedo).
- *O direito dos povos* (São Paulo, Martins Fontes, 2001. Trad. L.C. Borges.)

Os outros textos mais importantes de Rawls (em inglês) são:

- *Collected Papers* (Cambridge, Harvard, University Press, 1999. Org. Samuel Freeman.)
- *Lectures on the History of Moral Philosophy* (Cambridge, Harvard University Press, 2000. Org. Barbara Herman.)
- *Justice as Fairness: A Restatement* (Cambridge, Harvard University Press, 2001. Org. Erin Kelly.)

Sobre Rawls:

Audard, Cathérine et al., *Individu et justice sociale: autour de John Rawls*. Paris, Seuil, 1988.

Blocker, H. Gene e Elizabeth H. Smith (orgs.), *John Rawl's Theory of Social Justice: An Introduction*. Athens, Ohio University Press, 1980.

Daniels, Norman (org.), *Reading Rawls*. Oxford, Blackwell, 1975.

Davion, Victoria e Clark Wolf (orgs.), *The Idea of a Political Liberalism: Essays on Rawls*. Lanham e Oxford, Rowman & Littlefield Publishers, 2000.

Dombrowski, Daniel A. *Rawls and Religion: The Case for Political Liberalism*, Albany, SUNY Press, 2001.

Freeman, Samuel (org.) *The Cambridge Companion to Rawls*. Cambridge University Press, 2002.

Guillarme, Bertrand, *Rawls et l'égalité démocratique*. Paris, Presses Universitaires de France, 1999.

Höffe, Otfried (org.), *Über John Rawls' Theorie der Gerechtigkeit*. Frankfurt, Suhrkamp, 1977.

Kersting, Wolfgang, *John Rawls zur Einführung*. Hamburgo, Junius, 1993.

Kukathas, Chandran e Philip Pettit, *Rawls: A Theory of Justice and its Critics.* Oxford, Polity, 1990.

Ladrière, Jean e Philippe van Parijs (orgs.), *Fondements d'une théorie de la justice: essais critiques sur la philosophie politique de John Rawls.* Louvain-la-Neuve, Libr. Peeters, 1984.

Martin, Rex, *Rawls and Rights.* Lawrence, University Press of Kansas, 1985.

Munoz-Dardé, Véronique, *La Justice sociale: Le libéralisme égalitaire de John Rawls.* Paris, Nathan, 2000.

Nedel, José, *A teoria ético-política de John Rawls.* Porto Alegre, Edipucrs, 2000.

Oliveira, Nythamar Fernandes de, *Tractatus ethico-politicus.* Porto Alegre, Edipucrs, 1999. Caps. 3 e 7.

____, "Critique of public reason revisited: Kant as arbiter between Rawls and Habermas", *Veritas* 45/4 (2000), p.583-606.

Pogge, Thomas W., *Realizing Rawls.* Ithaca, Cornell, 1989.

Richardson, Henry S. (org.), *Development and Main Outlines in Rawls's Theory of Justice.* Nova York, Garland, 1999.

Van Parijs, Philippe, *O que é uma sociedade justa?* São Paulo, Ática, 1997.

Vita, Alvaro de, *A justiça igualitária e seus críticos.* São Paulo, Unesp, 2000.

Sobre o autor

Nythamar de Oliveira nasceu no Rio de Janeiro em 1960, cresceu no Recife e reside em Porto Alegre, onde é professor de ética e filosofia política na Pontifícia Universidade Católica (PUC-RS). Fez seus estudos de filosofia na Suíça, França e Estados Unidos, tendo obtido os títulos de mestre em teologia (Aix-en-Provence, 1987) e filosofia (Villanova University, 1990) e PhD em filosofia (State University of New York, 1994). Fez pós-doutorado na New School for Social Research em 1997-98. É pesquisador do CNPq desde 1995, tendo publicado dois livros, *Tractatus ethico-politicus* (Edipucrs, 1999) e *On the Genealogy of Modernity* (Nova Science, 2002), e vários artigos sobre Kant, Nietzsche, Husserl, Foucault, Rawls e Habermas nas revistas *Filosofia Política*, *Manuscrito*, *Veritas*, *Kairos*, *International Studies in Philosophy* e outras.

Coleção **PASSO-A-PASSO**

Volumes recentes:

Ciências Sociais Passo-a-Passo

O negócio do social [40], Joana Angélica Barbosa Garcia

Origens da linguagem [41], Bruna Franchetto e Yonne Leite

Antropologia da criança [57], Clarice Cohn

Patrimônio histórico e cultural [66], Pedro Paulo Funari e Sandra de Cássia Araújo Pelegrini

Antropologia e imagem [68], Andréa Barbosa e Edgar T. da Cunha

Antropologia da política [79], Karina Kuschnir

Sociabilidade urbana [80], Heitor Frúgoli Jr.

Pesquisando em arquivos [82], Celso Castro

Cinema, televisão e história [86], Mônica Almeida Kornis

Filosofia Passo-a-Passo

Estética [63], Kathrin H. Rosenfield

Filosofia da natureza [67], Márcia Gonçalves

Hume [69], Leonardo S. Porto

Hannah Arendt [73], Adriano Correia

Schelling [74], Leonardo Alves Vieira

Niilismo [77], Rossano Pecoraro

Kierkegaard [78], Jorge Miranda de Almeida e Alvaro L.M. Valls

Filosofia da biologia [81], Karla Chediak

Ontologia [83], Susana de Castro

John Stuart Mill & a liberdade [84], Mauro Cardoso Simões

Filosofia da história [88], Rossano Pecoraro

Teoria do conhecimento [91], Alberto Oliva

Psicanálise Passo-a-Passo

Psicanálise com crianças [75], Teresinha Costa

Feminino/masculino [76], Maria Cristina Poli

Cinema, imagem e psicanálise [85], Tania Rivera

Trauma [87], Ana Maria Rudge

Édipo [89], Teresinha Costa

A psicose [90], Andréa M.C. Guerra

A angústia [92], Sonia Leite

Educação e psicanálise [93], Rinaldo Voltolini

Os outros em Lacan [94], Antonio Quinet

A paixão [95], Marcus André Vieira

Histeria: o caso Dora [96], Nadiá Paulo Ferreira e Marcus Alexandre Motta